© 2011 Esslinger Verlag J. F. Schreiber

Anschrift: Postfach 10 03 25, 73703 Esslingen

www.esslinger-verlag.de

ISBN 978-3-480-22763-1

Im Fußballfieber

Vorlesespaß für kleine Kicker

Luise Holthausen • Eva Czerwenka

ess!inger

Inhaltsverzeichnis

Fabios erstes Training

Es ist Dienstag. Die Uhr im Wohnzimmer schlägt drei. Fabio steht im Flur, mit Sporthose und Trainingsjacke, die Tasche mit den Fußballschuhen in der Hand. Als es klingelt, reißt er sofort die Tür auf. Vor ihm steht sein Freund Sven. Auch er ist voll ausgerüstet für ihr erstes Fußballtraining.

„Mama, wo bleibst du denn? Wir müssen los!", ruft Fabio und stürmt mit Sven zum Auto. „Schneller, schneller!", drängelt er, als sie losfahren. Mama lacht nur. Fabio grummelt. Muss Mama denn fahren wie eine Schnecke?

Endlich sind sie am Sportplatz. Fabio schlüpft in seine Fußballschuhe und bindet sorgfältig einen Doppelknoten, damit die Schleife auch bestimmt nicht aufgeht. Nun ist er bereit. Es kann losgehen!

Mama winkt Fabio und Sven zu. „Viel Spaß, ihr beiden!", ruft sie. „Ich hole euch nachher wieder ab."

Fabio nickt bloß. Er hat keine Zeit zu antworten. Er muss dem Trainer zuhören. „Das sind unsere beiden Neuen, Fabio und Sven", stellt er sie der Mannschaft vor. „Wir freuen uns über eure Verstärkung. Und ich bin Markus. Also los geht's, auf den Platz mit euch! Zuerst wärmen wir uns auf, danach machen wir ein paar Übungen mit dem Ball und am Schluss ein Trainingsspiel."

Beim Aufwärmen ist Fabio eifrig bei der Sache. Aufwärmen ist wichtig, das weiß er, damit man sich nicht verletzt. Zusammen mit Sven und den anderen trabt er um den Platz, springt und hüpft und dehnt sich.

Danach hilft er, die großen Netze mit den Bällen und die Plastikhütchen aus dem Vereinshaus zu holen. Markus stellt die Hütchen in einer Reihe auf, immer mit etwas Abstand dazwischen. „Und nun im Slalom um die Hütchen", kommandiert er.

Es ist gar nicht so leicht, mit dem Ball am Fuß um die Hütchen zu dribbeln. Markus unterbricht sie immer wieder und zeigt ihnen, wie sie es besser machen können.

Später üben sie das Passspiel vor dem Tor. Fabio hat Sven als Partner. Das klappt super. Sie haben es ja oft genug auf der Wiese vor dem Haus geübt: Fabio zu Sven, Sven ins Tor. Oder Sven zu Fabio, Fabio ins Tor. Sogar mit verbundenen Augen würden sie das hinkriegen.

Auf der Wiese war das Tor allerdings zwischen zwei Apfelbäumen, und wenn sie nur zu zweit waren, gab's auch keinen Torwart. Hier hat das Tor richtige Pfosten und ein Netz, und davor steht Robin mit seinen Torwarthandschuhen. Sven trifft trotzdem. Und Fabio auch fast.

Am schönsten ist das Trainingsspiel am Ende der Stunde. Darauf hat Fabio sich schon die ganze Zeit gefreut. Zusammen mit Sven rennt und ackert er, erkämpft sich die Bälle und schießt aufs Tor. Das ist so toll!

Markus schaut aufmerksam zu, unterbricht aber diesmal nicht. Erst als er am Ende der Trainingsstunde abpfeift, sagt er: „Sven, du spielst beim nächsten Mal im Sturm. Und du, Fabio, bist Verteidiger."

Fabio ist wie vom Donner gerührt.

„Und, hat es euch gefallen?", fragt Mama auf dem Heimweg.

„Oh ja!", ruft Sven.

Fabio sagt nichts. In ihm zwickt und zwackt es ganz fürchterlich. Warum darf er nicht im Sturm spielen? Ist er denn so viel schlechter als Sven?

Er hatte sich doch so auf sein erstes Training gefreut. Aber jetzt würde er sich am liebsten gleich wieder abmelden.

Viel zu schnell vergehen die Tage. Fabio hat zu nichts Lust. Nicht einmal mit Sven auf der Wiese Fußball spielen macht ihm noch Spaß. Er weiß ja, dass er beim nächsten Training nicht sein Sturmpartner sein wird. Während Sven vorne Tore schießt, wird Fabio hinten blöd rumstehen. Gemein ist das! Dann ist es schon wieder Dienstag und die Wohnzimmeruhr schlägt drei. An der Tür klingelt es. Mama ruft: „Fabio, wo bleibst du denn? Sven ist da, wir müssen los!"

Fabio trödelt halb angezogen über den Flur. Damit es schneller geht, hilft Mama ihm beim Anziehen der Trainingsjacke und schleppt ihn samt Fußballtasche hinter sich her zum Auto. „Nicht so schnell", nörgelt Fabio. Muss Mama denn fahren wie ein Rennfahrer?

„Hallo, Jungs", begrüßt Markus sie freundlich auf dem Fußballplatz. Die anderen aus der Mannschaft klatschen sie ab. Fabio und Sven gehören schon richtig dazu.

Diesmal sollen nach dem Aufwärmen alle einen Kreis bilden. Einer steht in der Mitte und muss versuchen, den Ball abzufangen, den die anderen sich zuspielen. Das macht Fabio sogar ein bisschen Spaß. Ball abfangen, das kann er gut. Da macht ihm keiner was vor.

Aber dann, am Schluss, kommt wieder dieses Trainingsspiel. Wie eine dunkle Wolke hat der Gedanke daran die ganze Woche über Fabio gehangen. Das kann ja nur blöd werden! Sven und er sind zwar in einem Team, aber richtig zusammen spielen sie trotzdem nicht. Denn Fabio muss hinten aufpassen. Und Sven sprintet die ganze Zeit über das Spielfeld und jagt einen Ball nach dem anderen ins Tor. Sein Sturmpartner hat gar nichts zu tun, so gut ist Sven.

Mit jedem Tor, das Sven schießt, zwickt und zwackt es mehr in Fabio. Und bestimmt zwickt und zwackt es auch im gegnerischen Stürmer. Der hat bei Fabio nämlich nichts zu lachen. Kaum taucht er in Fabios Hälfte auf, hat Fabio ihm auch schon den Ball abgenommen und wieder nach vorne gespielt. Ha!

„Heute muss ich ein Sonderlob aussprechen", verkündet Markus nach Spielende. Klar, ein Sonderlob für Sven. Fabio will sich schon die Ohren zuhalten, da hört er Markus sagen: „Viele denken, nur wer die Tore schießt, ist wichtig. Deshalb vergessen auch manche, dass sie nicht alleine auf dem Platz stehen." Bei diesen Worten schaut Markus Sven an. Der wird knallrot. „Aber ein Spiel wird auch hinten gewonnen. Denn was nutzen alle Tore, die man schießt, wenn man keinen guten Verteidiger hat, der die Gegentore verhindert? Zum Glück haben wir einen. Fabio, das war ein Superspiel von dir!"

Fabio ist wie vom Donner gerührt.

„Und, hat es euch gefallen?", fragt Mama auf dem Heimweg.

„Oh ja!", ruft Fabio glücklich.

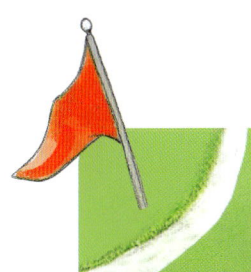

Verteidiger

Die Verteidiger versuchen, die gegnerische Mannschaft daran zu hindern, Tore zu schießen. Innenverteidiger kümmern sich um den inneren Torraum, Außenverteidiger um die Außenseiten. Außerdem gibt es Manndecker, die einen bestimmten Spieler der gegnerischen Mannschaft bewachen.

Stürmer

Ein Stürmer versucht, so viele Tore wie möglich zu schießen. Die Außenstürmer halten sich meist an den Spielfeldseiten auf und schlagen Flanken in den Strafraum, die Mittelstürmer drängen nach vorne und schießen die Tore. Dabei müssen sie sich gegen die Verteidiger der gegnerischen Mannschaft durchsetzen.

Schnapp dir den Ball!

Julian spielt im Garten mit Tasso. „Schnapp dir den Ball!",
ruft er und schleudert einen Tennisball über den Rasen.
Mit fliegenden Ohren jagt der junge Labrador hinterher.
Vor lauter Eifer kugelt er beinahe über den Ball, dann
schnappt er ihn und trabt stolz zurück.
Julian hebt einen Finger, so wie er es in der Hundeschule
gelernt hat. „Sitz. Und Aus!" Brav lässt Tasso sich auf sein
Hinterteil nieder und legt Julian den Ball vor die Füße.
„Super! Das hast du toll gemacht!" Julian knuddelt seinen
Hund. „Wuff!", macht der und wedelt mit dem Schwanz.
Das soll wohl heißen: „Noch mal!"
„Julian?" Am Wohnzimmerfenster erscheint Mamas Kopf.
„Könntest du heute mit Tasso Gassi gehen? Ich muss noch
so viel erledigen."
Klar kann Julian das machen! Seit Tasso vor einem halben
Jahr als Welpe zu ihnen gekommen ist, verbringt Julian ja
sowieso fast jede freie Minute mit ihm. Wo Julian ist, ist
auch Tasso. Und wo Tasso ist, ist auch Julian.
„Ich hab eine Idee", sagt Julian, während er Tasso
an die Leine nimmt. „Wir gehen zum Fußballplatz!"
„Wuff", antwortet Tasso. Das soll wohl heißen:
„Eine Superidee!" Den Fußballplatz kennt er noch
nicht, denn zum Training darf Julian ihn nicht
mitnehmen. Aber heute spielt die A-Jugend,
da können sie zusammen zugucken.

Als sie nach einem Abstecher zu Tassos Lieblingsbaum am Sportplatz ankommen, ist das Spiel schon in vollem Gange. Gerade hat die Nummer 6 Einwurf. Der Ball landet bei der Nummer 10, die sofort an den lauernden Stürmer abgibt. „Das mit der Nummer 10 ist Christopher", erklärt Julian seinem Hund. „Der beste Spielmacher, den es gibt! Und der Superstürmer da, das ist Hakan. Sein kleiner Bruder spielt bei mir in der Mannschaft. Guck, jetzt zieht er ab, Schuss und ... Mist, gehalten."

Aufmerksam schaut Tasso auf das Spielfeld. Christopher zieht von der Mittelfeldposition aus die Fäden. Fast jeder Spielzug läuft über ihn. Gekonnt verteilt er die Bälle und spielt Hakan immer wieder direkt in den Lauf. Doch spätestens vor dem gegnerischen Tor ist Endstation.

Julian rauft sich die Haare. „Das gibt's doch nicht! Der kann doch nicht alles halten!"

„Wuff", stimmt Tasso zu.

Jetzt läuft ein Konter gegen Christopher und seine Mannschaft. Pfeilschnell jagt der gegnerische Stürmer an allen vorbei. Der Torwart kann den Ball gerade noch mit der Faust abwehren.

„Ah", stöhnt Julian erleichtert auf. Tasso winselt.

Ohne Verschnaufpause geht es weiter. Christopher gewinnt einen Zweikampf und versucht es nun über außen. Doch seine Flanke auf Hakan gerät einen Tick zu lang. Hakan sprintet wie verrückt, um doch noch an den Ball zu kommen.

„Den kriegst du, Hakan!", schreit Julian. Tasso bellt.

Aber der gegnerische Verteidiger ist schneller. Hakan lässt trotzdem nicht locker und versucht, ihm den Ball vom Fuß zu spitzeln.

„Ja!", brüllt Julian. „Schnapp dir den Ball!"

Im nächsten Moment reißt es ihn von den Füßen und er landet platt auf dem Bauch. Tasso jagt mit hängender Leine und fliegenden Ohren über das Spielfeld. Weil er den Fußball mit den Zähnen nicht richtig packen kann, gibt er ihm mit der Schnauze einen ordentlichen Schubs.

Da kann der Torwart nur noch verdutzt zuschauen, wie der
Ball in hohem Bogen ins Netz fliegt.
„Wuff, wuff", bellt Tasso zufrieden. Und das soll wohl heißen:
„Tor! Endlich!"

Jugendfußball

In Fußballvereinen gibt es meist viele unterschiedliche Mannschaften, vom Kinderfußball bis zu Senioren-Mannschaften. Manche Kinder fangen schon mit vier oder fünf Jahren in einem Bambini- oder Minikicker-Team an. Ab einem Alter von sechs Jahren spielt man in der F-Jugend und wechselt dann, je älter man wird, in die höheren Mannschaften. In der A-Jugend sind die Spieler zwischen 16 und 18 Jahren alt. Besonders gute Spieler können sogar in die Jugend-Nationalmannschaft aufgenommen werden.

Die Zauberschuhe

Lukas' großer Bruder Paul packt seine Tasche fürs Fußballinternat. „Hier, die schenk ich dir", sagt er und drückt Lukas ein Paar abgewetzte rote Fußballschuhe in die Hand. Ehrfürchtig streicht Lukas über das rissige Leder. Er weiß genau, was das für Schuhe sind. Mit denen hat Paul die Aufnahme ins Fußballinternat geschafft. Jetzt wird Paul ein Profi! In ein paar Jahren werden sich die Bundesligavereine um ihn reißen. Und in der Nationalmannschaft wird er sowieso spielen. Die Fernsehreporter werden ihm nachrennen und die Zeitungen werden schreiben: „Paul, der Superstürmer." Und alles nur wegen dieser roten Fußballschuhe.

Als Lukas die Schuhe zum ersten Mal anprobiert, spürt er es gleich: Sie fühlen sich wirklich besonders an. Mit ihnen läuft er ganz anders als in seinen normalen Fußballschuhen. „Wie siehst du denn aus?", kichert seine Schwester Alina, als er über den

Flur schwebt. Aber auf so eine blöde Frage antwortet Lukas gar nicht.

Am Samstag hat Lukas ein wichtiges Spiel. Mama schaut auf Lukas' Füße und fragt: „Willst du wirklich diese Schuhe anziehen?"

„Die hat Paul mir geschenkt", erklärt Lukas.

„Ich glaube, Pauls Schuhe sind dir noch zu groß", meint Mama vorsichtig.

Lukas geht in sein Zimmer und zieht extradicke Wintersocken an.

Dann zerrt er so lange an den Schnürsenkeln, bis die Schuhe ganz eng sitzen.

„Siehst du", Lukas wackelt mit einem Fuß vor Mama, „sie passen mir."

Da sagt Mama nichts mehr.

Auf dem Fußballplatz herrscht schon wilde Aufregung. Herr Gabler, der Trainer, wischt sich den Schweiß von der Stirn. „Jungs, ihr wisst, worum es geht", beginnt er seine Ansprache. „Die letzten drei Spiele haben wir vergeigt. Heute müssen wir gewinnen, sonst sind wir Tabellenletzter und kriegen die rote Laterne. Also, seid ihr bereit?"

„Ja!", brüllen alle.

„Lukas, du musst heute treffen." Der Blick von Herrn Gabler fällt auf die roten Schuhe. „Kannst du mit diesen Tretern überhaupt spielen?", fragt er ungläubig.

„Na klar", antwortet Lukas. Ob Paul sich auch dauernd solche Sprüche anhören musste?

„Lukas, wir zählen auf dich!", beschwört ihn der Trainer. „Jan ist krank, wir haben also keinen Ersatzstürmer."

Lukas nickt. Das weiß er alles. Deshalb hat er doch heute die Zauberschuhe angezogen. Wenn alles nichts hilft, dann das.

Gemeinsam laufen sie auf den Platz auf. „Was hat der denn für komische Schuhe an", hört er den Torwart der anderen Mannschaft prusten.

Lukas stellt seine Ohren auf Durchzug. Die werden schon noch sehen, was diese Schuhe alles können!

Zunächst aber können vor allem die gegnerischen Spieler was. Sie scheinen überall und nirgends zu sein. Es ist wie bei der Geschichte vom Hasen und vom Igel. Immer, wenn Lukas vor dem Tor auftaucht, ist schon jemand da und nimmt ihm den Ball ab. Und dann ist heute der Rasen so uneben, dass er ständig den Ball verstolpert. Heiß ist es auch. Lukas' Füße kochen in den dicken Wintersocken.

„Zieh doch erst mal richtige Schuhe an", grölt ein Verteidiger. Trotzig streckt Lukas ihm die Zunge raus und rennt wieder los. Diesmal versucht er es durch die Mitte. Mist, da muss schon wieder so ein Hubbel gewesen sein. Hat seit dem letzten Training etwa eine Maulwurfsfamilie den Rasen umgegraben? Lukas macht das Bein lang, um den verlorenen Ball zurückzuerobern. Da fühlt sich sein Fuß plötzlich ganz merkwürdig an. So leicht irgendwie.

Der Schuh rutscht ihm vom Fuß und fliegt durch die Luft. Mit vollem Schwung trifft er den Ball – und schmettert ihn ins Tor! „Tor!", brüllt Lukas' gesamte Mannschaft.
Die Gegner stehen mit offenem Mund da. „Das gilt nicht", meckert der Torwart. Aber das gilt doch. Tor ist Tor. Und Lukas' Schuhe sind Zauberschuhe. Er hat's ja gewusst!

Die Ausrüstung

Die richtigen Schuhe sind die wichtigste Ausrüstung für jeden Fußballspieler. Sie sollten genau passen und einen guten Halt bieten. Unter der Sohle haben Fußballschuhe kleine Stifte, die man Stollen oder Nocken nennt.

Außer den Schuhen gehören eine kurze Hose, ein Trikot, Stutzen und Schienbeinschoner zur Ausrüstung der Feldspieler. Die Trikots der beiden Mannschaften müssen unterschiedliche Farben haben, damit man die Spieler gut voneinander unterscheiden kann. Schienbeinschoner werden unter den Stutzen getragen und schützen vor Verletzungen.

Der Torwart hat zusätzlich spezielle Torwarthandschuhe, mit denen er den Ball leichter fangen und festhalten kann. Sein Trikot hat eine andere Farbe als die Trikots der Feldspieler.

Toooor!

Basti liegt im Bett, einen dicken Schal um den Hals und einen kühlen Lappen auf der Stirn. Vom Nachbarhaus dröhnt der Fernseher herüber. Herr Peters schreit: „Jetzt schieß doch endlich mal aufs Tor!" Die Fußball-Europameisterschaft läuft und Herr Peters fiebert total mit.

„Mama, ich will auch Fußball gucken", quengelt Basti.

„Mit Kopfweh kann man kein Fernsehen gucken", sagt Mama.

„Dann will ich raus und Fußball spielen!"

„Nein, keine wilden Spiele, solange du krank bist. Du hast doch ganz wackelige Beine. Du bleibst im Bett", bestimmt Mama.

„Wenn ich nicht Fußball spielen darf, werde ich noch viel kränker", behauptet Basti.

Aber Mama lacht nur und deckt ihn extra fest zu. Ungefähr
eine Minute lang liegt Basti still unter seiner Decke.
Dann fangen seine Beine an zu zappeln. Die halten
es auch nicht aus, so mitten am Tag im Bett zu liegen.
Die wollen unbedingt mit einem Ball kicken.
Lautlos schlüpft Basti unter der Decke hervor und
schnappt sich seinen Ball. Er kann ihn ja ein bisschen
im Zimmer herumrollen. Das ist nicht wild. Das ist
ganz harmlos. Davon wird er garantiert
auch nicht kränker als vom
Herumliegen.

Vorsichtig stupst er mit dem großen Zeh gegen den Ball.
Mama hört ihn nicht. Basti stupst fester. Mama hört ihn
immer noch nicht. Sowieso ist in der ganzen Straße nur
der Fernseher von Herrn Peters zu hören. Mit dem Ball
ganz eng am Fuß dribbelt Basti um die Spielzeugautos
auf seinem Teppich herum. Er tänzelt um die Häuser
von seiner Legostadt. Dann einmal angetäuscht, ein
Hackentrick und schon segelt der Ball in perfekter
Fluglinie durch die Luft.

„Toooor!", brüllt Herr Peters aus dem Nachbarhaus.
„Klirrrr", macht die Lampe im Kinderzimmer.
Vielleicht waren Bastis Beine doch noch ein bisschen
zu wackelig.
Mama kommt hereingestürzt. „Basti! Du kannst
doch nicht im Kinderzimmer Fußball spielen!"
Vorsichtshalber hat sich Basti wieder unter seiner
Decke verkrochen. „Aber irgendwas muss ich doch
machen", jammert er.
„Also gut, wenn du morgen kein Fieber mehr hast,
darfst du nach draußen", verspricht Mama ihm.
„Ich möchte ja nicht, dass dein ganzes Zimmer
zu Bruch geht."

Am nächsten Tag ist das Fieber wirklich weg und auch Bastis Kopf brummt nicht mehr. Nur seine Beine sind noch ein bisschen wacklig, aber das verrät er lieber nicht.

„Spiel nicht so wild", mahnt Mama.

„Nein, nein", murmelt Basti.

Ganz sanft kickt er den Ball über die Wiese. Das ist nicht wild. Aus dem Nachbarhaus hört er den Fernseher. Heute spielt England gegen Frankreich, und Herr Peters geht wieder voll mit: „Nun schieß doch endlich!", schreit er.

Mit dem Ball ganz eng am Fuß dribbelt Basti um die Blumen im Garten. Er tänzelt um den Apfelbaum. Dann einmal angetäuscht, ein Hackentrick und schon segelt der Ball in perfekter Fluglinie durch die Luft.

„Toooor!", brüllt Herr Peters aus dem Nachbarhaus.

„Klirrrr", macht die große Fensterscheibe im Wohnzimmer. Mit wackeligen Beinen kann halt auch Basti nicht so gut zielen.

Die Europameisterschaft

Die Fußball-Europameisterschaft findet alle vier Jahre in einem anderen Land statt. Bevor es richtig losgeht, müssen sich die einzelnen Nationalmannschaften in Qualifikationsspielen behaupten, denn nur 16 von ihnen können an der Endrunde teilnehmen. Dort spielen sie zunächst um den Einzug ins Viertelfinale, ehe es ins Halbfinale und schließlich ins Finale geht.

	Finale		
	Halbfinale 1	Halbfinale 2	
Viertelfinale 1	Viertelfinale 2	Viertelfinale 3	Viertelfinale 4
Gruppe 1	Gruppe 2	Gruppe 3	Gruppe 4
Qualifikationsphase			

Der Torwarttrick

Der Schiedsrichter pfeift und zeigt auf den Elfmeterpunkt.
„Oh nein!", stöhnt Felix. Musste Benni den Stürmer unbedingt
schubsen? Und dann auch noch im Strafraum!
„Den hältst du, Felix", ruft Emma ihm zu.
Die hat gut reden! Emma spielt zwar super im Mittelfeld, aber
im Tor hat sie noch nie gestanden. Und auch wenn bei ihnen
in der F-Jugend ein Elfmeter nur ein Siebenmeter ist, weil
sie noch nicht auf dem großen Feld und mit den großen Toren
spielen: Felix wird ihn nicht halten. Weil er noch nie einen
Siebenmeter gehalten hat.
Die Nummer 9 legt sich den Ball zurecht. Felix spannt die
Muskeln an und fixiert den Ball. Die Nummer 9 läuft an,
trifft aber nicht gut. Der Ball holpert über den Rasen, genau
auf Felix zu.
Das ist die Chance! Felix wirft sich dem Ball entgegen, aber
der rutscht ihm durch die Hände und kullert ins Netz.
Die Gegner jubeln.
„Blöder Mist!", schimpft Felix. Vorhin waren sie noch auf der
Siegerstraße und jetzt steht es 3:3. Wenn das mal gut geht!
„Abhaken, weiter geht's", versucht der Trainer sie
aufzumuntern. Aber die Mannschaft ist vollkommen von der
Rolle. Emma spielt, als hätte sie zwei linke Füße. Benni trabt
nur noch neben seinem Gegenspieler her. Und Felix hält
überhaupt nichts mehr. Beim Schlusspfiff steht es 6:3 für die
anderen.

„Das war ein komisches Spiel", meint Emma, als sie später
bei Felix im Kinderzimmer sitzen. „Zuerst lief es doch gut.
Aber dann waren wir auf einmal grottenschlecht."
Felix nickt düster. „Das lag nur an mir."
„Das lag an Benni", widerspricht Emma. „An seinem doofen
Foul. Nach dem Siebener hatte ich Beine wie Wackelpudding."

„Und wenn ich den gehalten hätte?", fragt Felix. „Hättest du
dann auch Wackelpudding gehabt?"
Emma kaut an ihrer Unterlippe und sagt nichts.
Felix springt auf. „Hilfst du mir? Ich will noch mal üben.
Damit ich beim nächsten Mal besser bin."

Zusammen gehen sie zurück zum Sportplatz. Felix stellt sich ins Tor und Emma schießt vom Siebenmeterpunkt. Rechts, links, oben ins Eck, flach ins Netz. Felix fliegt und faustet und hechtet und hält mindestens die Hälfte. Warum gelingt ihm so was nie im Spiel?

„Das ist doch alles Quatsch", sagt Emma plötzlich. „Du hast im Spiel nämlich auch Wackelpudding. Bei jedem Siebener. Daran liegt es. Und gegen Wackelpudding helfen keine Sonderschichten." Emma hat recht. Aber was hilft dann?

„Ich hab mit meinem Papa mal was im Fernsehen über eine Weltmeisterschaft gesehen", erzählt Emma. „Da war ein Torwart, der hatte einen Trick. Vor dem Elfmeterschießen hat er auf einen Spickzettel geguckt. Auf dem stand, welcher Spieler am liebsten in welche Ecke schießt. Mein Papa sagt, der Torwart war so überzeugt, dass ihm das hilft, dass er schon deswegen gehalten hat."

Ein Torwarttrick. Das ist gut. So einen könnte Felix auch brauchen. Bloß, wo kriegt er den her?

„Ich hab aber keinen Torwarttrick", meint er niedergeschlagen. „Komm, wir üben weiter."

Emma seufzt, aber dann geht sie mit dem Ball wieder zum Siebenmeterpunkt. Felix beobachtet sie genau. Und da fällt ihm etwas auf. Bevor Emma gegen den Ball tritt, huscht ihr Blick in die linke Ecke des Tors. Und genau da schießt sie dann auch hin.

„Du kannst ja alles halten", staunt Emma nach dem fünften Ball.

Ich kann alles halten, denkt Felix, als sie am nächsten
Wochenende auf den Platz auflaufen. Mit breiter Brust stellt
er sich ins Tor. Heute wird er seinen Kasten sauber halten!
Die gegnerische Mannschaft hat Anstoß und startet gleich den
ersten Angriff. Die Nummer 13 kommt bis in Felix' Strafraum,
doch Benni grätscht ihr den Ball gekonnt vom Fuß. Sofort lässt
sich die 13 fallen.
„Das war eine Schwalbe!", brüllt Benni.
Leider ist der Schiedsrichter anderer Meinung. Er pfeift und
zeigt auf den Siebenmeterpunkt. Sofort springt die Nummer 13
wieder auf, um selbst zu schießen.

„Das ist total unfair!", schreit Emma. An der Seitenlinie
tobt der Trainer.

Felix hört das kaum. Er fixiert die Nummer 13.

Die Nummer 13 starrt zurück.

Wieder pfeift der Schiedsrichter. Die 13 schaut einen Moment
ins rechte Eck, nur den Bruchteil einer Sekunde, dann
zieht sie ab.

Felix schmeißt sich ins rechte Eck und faustet den Ball
ins Aus. „Gehalten! Ich hab einen Siebener gehalten!",
brüllt er.

Der Rest des Spiels ist kinderleicht. Die Nummer 13 kriegt gegen Benni kein Bein mehr auf die Erde. Emma wächst über sich hinaus, liefert zwei Torvorlagen und schießt auch selbst noch ein Tor. Am Schluss gewinnen sie 5:0.

„Das war ein super Spiel. Aber woher hast du bloß gewusst, in welche Ecke der Typ schießt?", will Emma wissen.

„Geheimer Torwarttrick!" Felix grinst. „Hab ich von dir gelernt."

Der Torwart

Der Torwart ist die letzte Verteidigung vor dem Tor, daher trägt er besonders viel Verantwortung. Um ein Tor der gegnerischen Mannschaft zu verhindern, kann der Torwart den Ball fangen, ihn wegfausten oder mit dem Fuß abwehren.

Der Torwart muss während des ganzen Spiels hoch konzentiert sein, auch wenn der Ball gerade in der anderen Spielhälfte ist. Wenn ein Gegenspieler aufs Tor zielt, muss der Torwart schnell reagieren und einschätzen können, wo der Ball hinfliegt. Außerdem braucht ein Torwart gute Nerven und eine große Portion Mut, da er sich auch im Spielgetümmel in die Flugbahn des Balles werfen muss.

Nils im Stadion

Vor dem Stadion brodelt es. Nils greift nach Papas Hand,
damit er ihm nicht verloren geht. So viele Fußballfans
drängen sich an den Eingängen! Sie tragen Schals in den blau-
weißen Vereinsfarben und Trikots mit den Nummern ihrer
Lieblingsspieler. Auch Nils hat ein Trikot an. „11 Nils", steht
auf der Rückseite. Und vorne prangt in großen Buchstaben:
„Torschützenkönig".
Aufgeregt schaut Nils sich in dem Menschengewühl um.
„Papa, wohin müssen wir jetzt?", fragt er.
„Zum Süd-Eingang, dort werden wir abgeholt", antwortet Papa
und schiebt sich mit Nils zwischen den Fans hindurch.
Da kommt auch schon ein grauhaariger Mann auf sie zu:
„Hallo, bist du Nils?" Nils nickt. Der Mann schüttelt erst ihm,
dann Papa die Hand. „Ich bin Anton Haas, der Zeugwart."
Er grinst. „Oder besser, das Mädchen für alles. Ich hab gehört,
du bist in der letzten Saison Torschützenkönig von der
F-Jugend geworden."
„Ja, ich hab einundzwanzig Tore geschossen", erzählt Nils stolz.
„Und darum darf ich heute ins Stadion."
„Deswegen bin ich hier", erklärt Herr Haas. „Ich bring dich
zu deinem Ehrenplatz in der ersten Reihe."
Nils strahlt. Erste Reihe, da sitzt er ja ganz nah bei den
Spielern. Vor allem ganz nah bei Kevin Kowalski! Sein Herz
klopft schneller. Kevin ist sein großes Vorbild. Letztes Jahr
hatte der noch in der A-Jugend seines Vereins gespielt.

Da war er Torschützenkönig, genau wie Nils jetzt. Und dann wurde Kevin zu den Profis geholt. Obwohl er erst neunzehn Jahre alt ist! Nils will es später auch zu den Profis schaffen. Das hat er sich fest vorgenommen.

Herr Haas führt Nils und Papa zu ihren Plätzen. Gerade liest der Stadionsprecher die Aufstellung der Startelf vor: „Mit der Nummer 11 Kevin …"

„Kowalski!", brüllen die Zuschauer.

„Hast du das gehört, Papa?" Vor Aufregung hüpft Nils auf seinem Sitz auf und ab. „Kevin darf zum ersten Mal von Anfang an spielen."

Und das ausgerechnet heute, wo er dabei ist. Wenn das kein gutes Zeichen ist! Vielleicht schießt Kevin sogar ein Tor?

Anpfiff. Es geht los. Lautstark feuern die Fans ihre Mannschaft an. Das Spiel wogt hin und her. Mal läuft es für die Blauen besser, mal für die Roten, aber es fällt kein Tor. Kevin ist nur selten im Ballbesitz. Als er auch noch einen Fehlpass spielt und der Ball beim Gegner landet, beginnen einige Zuschauer zu pfeifen. „Auspfeifen ist gemein!", ruft Nils.

Aber die Fehlpässe der Blauen häufen sich. Ärgerlich schaut Nils zu Papa. „Das ist nur wegen der blöden Fans!"

Da geht ein Aufstöhnen durch die Menge. „Tor!", jubeln die Roten. Nils zuckt zusammen und schaut schnell wieder aufs Spielfeld. Der Ball liegt im Netz. Aber im falschen. Es steht 0:1. Und er hat es nicht mitgekriegt! Weil er einen Moment nicht hingeschaut hat. Zum Glück wird auf der großen Videoleinwand eine Wiederholung gezeigt.

Kurz darauf pfeift der Schiedsrichter ab. Halbzeit. Mit hängenden Köpfen trotten die Blauen vom Feld.

„Oh je, hoffentlich schimpft der Trainer in der Kabine nicht so doll", sagt Nils mitleidig.

„Er wird vor allem versuchen, die Spieler wieder aufzumuntern", meint Papa.

Da würde Nils ja zu gerne zuhören. Aber außer Trainer und Spielern darf leider niemand in die Kabine. Allenfalls noch Herr Haas, der Zeugwart, der sich um Trikots, Fußballschuhe und Getränke kümmert.

Aber der Trainer scheint die richtigen Worte gefunden zu haben, denn in der zweiten Halbzeit sind die Blauen wie verwandelt. Sie kämpfen um jeden Ball und erarbeiten sich eine Menge Torchancen. Bei einem Freistoß schafft der Kapitän schließlich den Ausgleich. Da stehen endlich auch die Fans wieder voll hinter ihrer Mannschaft. „Ko-wal-ski", brüllen sie, als Kevin über links außen nach vorne stürmt. Jetzt ist er genau auf ihrer Höhe. Nils schreit mit: „Kevin, Kevin!"
Ein Roter sprintet auf ihn zu und grätscht den Ball ins Aus. In hohem Bogen fliegt er über die Bande, genau auf Nils zu. Der springt mit ausgestreckten Armen hoch. „Ich hab ihn!", jubelt er.

Der Schiedsrichter gibt Einwurf für die Blauen. Kevin schaut sich suchend um. Nils holt tief Luft und wirft ihm den Ball zu. Ein Glück, er hat gut gezielt! Kevin fängt den Ball locker auf und wirft ihn einem anderen Blauen zu. Der nimmt ihn an und stürmt sofort Richtung Tor. Bevor zwei Rote ihn in die Zange nehmen können, flankt er auf Kevin und der köpft den Ball über den gegnerischen Torwart hinweg ins Netz. Sofort verwandelt sich das Stadion in ein blau-weißes Fahnenmeer. Nils jubelt mit. Kevin hat sie in Führung geschossen!

Der Stadionsprecher ruft: „Das 2:1 durch unseren Kevin ...", und die Zuschauer ergänzen: „Kowalski!"

Danach versuchen die Roten zwar alles, um das Blatt noch mal zu wenden, aber die Blauen lassen sie nicht mehr zum Zug kommen. Es bleibt beim 2:1.

Nach dem Schlusspfiff verschwinden die Roten schnell in der Kabine, aber Kevin und seine Teamkollegen bedanken sich noch mit einer Ehrenrunde bei den Fans für die Unterstützung. „Das war toll!" Auch als die Spieler längst den Platz verlassen haben, kann Nils sich noch nicht trennen.

Da taucht Herr Haas wieder auf. „Komm mit, ich habe eine Überraschung für dich", sagt er geheimnisvoll.

Neugierig folgt Nils ihm zusammen mit Papa durch die Katakomben des Stadions. Es wimmelt von Fotografen, Presse und Vereinsleuten. Von irgendwoher ertönen „Olé-Olé"-Rufe und „So sehen Sieger aus". Dann öffnet Herr Haas eine Tür und zieht Nils mit sich. Jubelgesänge schallen ihnen entgegen. Überwältigt schaut Nils sich um. Er steht in der Spielerkabine,

mitten unter den Profis! Kevin Kowalski kommt auf ihn zu und
drückt ihm einen Ball in die Hand. Alle Spieler haben darauf
unterschrieben. „Für dich!", verkündet Kevin feierlich.
Sprachlos drückt Nils den Ball an sich. Mit dem hat Kevin
das Siegtor geschossen! Und ein bisschen, so ein klitzekleines
bisschen hat er selbst bei diesem Tor ja auch mitgeholfen.

Das Fußballstadion

Damit viele Fans bei den Spielen ihrer Lieblingsmannschaft dabei sein können, finden die Spiele der Profis in großen Fußballstadien statt. In der Mitte des Stadions befindet sich das Spielfeld. Die meisten Stadien haben Rasenplätze, aber in einigen Stadien wird auch auf Kunstrasen gespielt. Direkt neben dem Spielfeld gibt es einen Bereich, in dem sich während des Spiels die Trainer, Betreuer und Ersatzspieler aufhalten. Sie dürfen diesen Bereich, den man die „Coachingzone" nennt, nur in Ausnahmefällen verlassen. Rundherum schließen sich die Tribünen für die Zuschauer an. Meist gibt es einen besonderen Bereich für Ehrengäste, und in vielen Stadien kann man das Spiel auch von einem Stehplatz verfolgen.

Ein ganz normaler Fußball?

An Luis' sechstem Geburtstag steht plötzlich sein Onkel Enrico aus Südamerika vor der Tür. Das ist eine Überraschung!
Mit einem feierlichen „Herzlichen Glückwunsch" drückt er Luis eine große bunte Schachtel in die Hand.
„Was ist da drin?" Neugierig hebt Luis den Deckel von der Schachtel. „Ein Fußball!", ruft er glücklich.
„Den hab ich auf dem Markt in Lima entdeckt", erzählt Onkel Enrico. „Da lag er zwischen lauter Krimskrams und schien mir zuzurufen: Nimm mich mit! Ich gehöre zu Luis!"
Mit leuchtenden Augen nimmt Luis den Ball aus der Schachtel. Er fühlt sich wundervoll an! Als wäre er nur für ihn gemacht.
Von nun an lässt Luis seinen Fußball keine Sekunde aus den Augen. Tagsüber tobt er draußen mit ihm herum. Und nachts legt er ihn neben sein Bett.
Als Luis eines Tages wieder auf der Wiese zwischen den Häusern spielt, kommt das Nachbarmädchen Nele vorbei.
Der Ball schlägt einen Haken und rollt auf sie zu.
Verdutzt schaut sich Luis um. „Wo ist mein Ball denn auf einmal?"
„Hier", kichert Nele. „Darf ich mitspielen?"
„Klar." Luis strahlt. Und der Ball hüpft.
Bald sind sie so in ihr Spiel vertieft, dass sie die beiden großen Jungen gar nicht bemerken, die breitbeinig auf die Wiese gestiefelt kommen. Nur der Ball spürt plötzlich einen schweren Tritt, dann liegt er mitten im Dornengestrüpp.

„Max, du bist der allerblödeste große Bruder den es gibt",
schnaubt Nele. „Hol uns sofort den Ball wieder!"
Aber Max lacht nur hämisch. „Und was krieg ich dafür?"
Sein Freund Jonas holt tatsächlich den Ball aus den Dornen
und klemmt ihn unter den Arm.
„Gib her", verlangt Luis.
Jonas feixt: „Komm und hol ihn dir!"
Doch bevor Luis ihm den Ball wegnehmen kann, wirft
Jonas ihn schnell zu Max. „Wir spielen um den Ball.
Wenn ihr gewinnt, darfst du ihn behalten.
Wenn wir gewinnen, gehört er uns."

„Das ist unfair", protestiert Luis. Es ist doch sein Ball! Aber das ist den beiden Jungs egal. Nur weil sie größer und stärker sind, glauben sie, sie wären die Bestimmer.

„Das Tor ist zwischen den beiden Bäumen", ruft Max und legt sich den Ball zurecht. Genau in dem Moment, als er Anlauf nimmt, rollt der Ball ein Stück zur Seite und Max tritt in die Luft. Luis kichert.

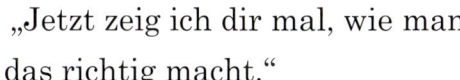

Max wirft ihm einen wütenden Blick zu und holt erneut aus. Diesmal trifft er den Ball und zirkelt ihn genau aufs Tor. Schon reißt er die Arme hoch, um seinen Treffer zu bejubeln. Da stoppt der Ball mitten im Flug und plumpst wie ein Stein herunter.

Jetzt lacht Luis aus vollem Hals. Und Max lässt die Arme wieder sinken.

„Was spielst du denn da für einen Mist zusammen?"

Jonas schnappt sich den Ball und zielt aufs Tor.

„Jetzt zeig ich dir mal, wie man das richtig macht."

Von wegen. Der Ball fliegt eine Kurve und landet wieder vor seinen Füßen. Jonas versucht es noch mal. Und noch mal. Wie ein Bumerang kommt der Ball immer wieder zurück. Mittlerweile wälzt Luis sich vor Lachen im Gras.

„Dir wird das Lachen schon noch vergehen", droht Max.

„Zeigt ihr erst mal, was ihr drauf habt."

Das lässt Luis sich nicht zweimal sagen. Er spielt den Ball zu Nele, die zielt aufs Tor.

„Der geht meilenweit daneben!", höhnt Max.

Aber der Ball dreht nach links ab und fliegt genau zwischen den beiden Baumstämmen hindurch.

„Zufall", behauptet Jonas. „Weil es keinen Torwart gab."

Mit lauerndem Blick baut er sich vor den Bäumen auf.

Wieder spielt Luis den Ball zu Nele. Beim Versuch, ihn anzunehmen, stolpert sie und der Ball kullert in Zeitlupentempo durchs Gras. Hämisch grinsend streckt Jonas die Hände nach ihm aus, doch der Ball hat offenbar andere Pläne. Mit einem Satz zischt er haarscharf über Jonas' Kopf hinweg ins Tor.

Luis ballt triumphierend die Faust.

„Gewonnen!", jubelt Nele und klatscht ihn ab.

„Na und? Mir doch egal", motzt Max.

„Den Ball nehme ich trotzdem mit!"

Da springt der Ball in die Luft und zischt Max um die
Ohren wie eine riesige Biene. Rechts, links, links, rechts,
immer wieder, bis Max beinahe schwindlig wird.
„Mit dem Ball stimmt was nicht", stöhnt er und schlägt
sich die Hände vors Gesicht.
Wusch, eine scharfe Kehrtwendung und schon fliegt
der Ball drohend auf Jonas zu.
„Nichts wie weg hier!",
schreit der.

Und dann rennen die beiden, wie sie noch nie zuvor
gerannt sind.
Der Ball aber rollt vor Luis' Füße und bleibt dort liegen,
als sei er ein ganz normaler Fußball.

Der Ball

Um mit seinen Freunden auf der Wiese zu kicken,
braucht man einfach nur irgendeinen Ball.
In manchen Ländern spielen Kinder auch mit
einer Blechdose oder mit zusammengeknoteten
Stofffetzen.
Bei richtigen Fußballspielen wird natürlich
mit einem richtigen Fußball aus Leder oder
Kunststoff gespielt. Es ist genau festgelegt,
wie groß und wie schwer der Ball sein muss.
Der Ball für Kinder- und Jugendfußball ist
etwas kleiner und leichter als der Ball,
mit dem Erwachsene spielen.

Ersatzspielerin Lena

Nach dem Training packt Lena die Fußballschuhe in ihre
Tasche. „Kommst du noch mit zu mir?", fragt Maja, aber Lena
schüttelt den Kopf. Dabei wippt ihr roter Pferdeschwanz lustig
hin und her. „Nein, ich guck noch bei Leon zu."
Maja schaut aufs Spielfeld, wo jetzt die erste Mannschaft
der F-Jugend trainiert. Der Spieler, der gerade den Ball zu
seinem Partner abspielt, hat rote Haare, eine Stupsnase und
Sommersprossen. Genau wie Lena.
Maja grinst. „Wenn du den Pferdeschwanz nicht hättest,
würden euch bestimmt alle verwechseln."

Lena verdreht die Augen. Diesen Spruch hat sie schon hundert Mal gehört. Ach was, tausend Mal! Leon und sie sind Zwillinge. Zwar keine eineiigen Zwillinge, aber sie sehen sich trotzdem total ähnlich. Doch das heißt nicht, dass sie auch sonst gleich sind. Sie sind sogar total verschieden! Nur Fußball lieben sie beide. Sie spielen im selben Verein, aber Leon in der ersten und Lena in der zweiten Mannschaft der F-Jugend.

Gerade stößt Leon mit seinem Sturmpartner Mehtin in die Spitze vor. Blitzschnell spielen sie ihren Gegner mit einem Doppelpass aus, Leon zieht ab und schon zappelt der Ball im Netz.

„Tor!", jubeln alle. Und der Trainer lobt sie: „Wenn der Doppelpass morgen auch so gut klappt, gewinnen wir. Dann schaffen wir den zweiten Tabellenplatz."

Maja staunt. „Toll, dein Bruder! Kannst du das auch, so Doppelpass spielen? Hab ich noch nie gesehen."

Lena grummelt nur. Auch in dieser Hinsicht unterscheidet sie sich von ihrem Zwillingsbruder. Sie kann den Doppelpass nicht. Sowieso kommen ihre Pässe oft nicht da an, wo sie sollen. Dafür hat Lena andere Stärken. Sie ist eine wahre Dribbelkünstlerin.

„Aua!", hört sie Leon plötzlich aufschreien. Erschrocken fährt Lena herum. Ihr Bruder liegt auf der Erde und hält sich den Knöchel. „Ich bin umgeknickt", stöhnt er.

Der Trainer holt schnell seinen Notfallkoffer und legt eine elastische Binde um Leons Knöchel.

„Geh lieber gleich zum Arzt", rät er mit besorgtem Gesicht.
„Wir brauchen dich morgen beim Spiel!"

Mit schmerzverzerrtem Gesicht hinkt Leon vom Platz.

Als Mama zum Abholen kommt, fährt sie mit ihm gleich
weiter zum Arzt. Der stellt fest, dass der Knöchel verstaucht
ist, und verordnet kühle Umschläge und eine Woche
Spielpause. Das Spiel morgen kann Leon also vergessen.

„Das gibt's doch nicht!" Wenn ihm der Fuß nicht so wehtäte,
würde er vor Wut damit aufstampfen. „Das wichtigste
Punktspiel des Jahres und ich darf nicht mitspielen! Mein
Ersatzspieler ist Jonathan, aber der ist noch nicht lange dabei.
Für so ein Spiel braucht man doch einen erfahrenen Spieler."

Leon ist total unglücklich.

Lena würde ihm so gerne helfen! Aber seinen Knöchel gesund
zaubern, das kann sie leider nicht.

Doch dann erinnert sie sich daran, was Maja gesagt hat.

Was alle sagen: Wenn sie den Pferdeschwanz nicht hätte,
würden sie bestimmt alle verwechseln.

„Und wenn ich für dich spiele?", fragt sie.

Leon tippt sich an die Stirn. „Wie soll das denn gehen?
Du gehörst ja gar nicht zu meiner Mannschaft."

„Das wollen wir doch mal sehen", erwidert Lena.

Am nächsten Morgen schleicht sie sich nach dem Frühstück
ins Bad und greift zur Schere. Einen Moment zögert sie –
ihren Pferdeschwanz mag sie so gerne! Aber Leon und seine
Mannschaft sind wichtiger. Und Haare wachsen wieder nach.
Schnipp, schnapp, beginnt Lena entschlossen zu schneiden.

Als sie aus dem Bad herauskommt, starrt Leon sie mit großen
Augen an. „Jetzt siehst du haargenau aus wie ich", staunt er.
Lena nickt mit einem verschwörerischen Grinsen. Dabei
wippt kein roter Pferdeschwanz mehr auf ihrem Kopf.
Schnell schnappt sie sich ihre Fußballtasche und radelt zum
Sportplatz.
„Hi, Leon." „Alles klar, Leon?", begrüßen sie die Jungs.
Der Trainer fragt: „Wie geht's deinem Knöchel?"
„Der ist wieder in Ordnung", antwortet Lena. Ihr Mund fühlt
sich trocken an und ihre Knie sind Wackelpudding. Auf einmal
hat sie riesengroßen Bammel. Wenn sie sich nun blöd anstellt?

Dann denken alle, Leon kann nicht mehr Fußball spielen, und der Trainer schmeißt ihn vielleicht aus der Mannschaft. Und sie ist schuld!

Die beiden Mannschaften laufen aufs Spielfeld. Lena mustert ihre Gegenspieler. Riesenkerle sind das! Zumindest kommt es ihr so vor.

Als der Schiedsrichter anpfeift, fühlt Lena sich schon besser. Sie kann ja gut Fußball spielen. In ihrer Mannschaft ist sie eine der Besten. Trotzdem ist es ungewohnt, in einem Team zu spielen, mit dem sie noch nie auf dem Platz gestanden hat. Immer spielt sie einen Tick zu spät ab oder läuft nicht dahin, wo die anderen es erwarten.

Dafür gewinnt Lena jeden Zweikampf. Das lobt der Trainer auch in der Halbzeit: „Super, Leon, wie du die Bälle eroberst. Aber das reicht nicht. Es steht immer noch 0:0, ihr müsst endlich Druck nach vorne machen. Mehtin und Leon, ihr müsst den Doppelpass spielen, wie wir es gestern geübt haben."

„Alles klar, Trainer." Mehtin ballt angriffslustig die Faust. Lena nickt nur. Ihr ist schlecht. Doppelpass kann sie nicht. Am besten, sie bleibt gleich in der Kabine. Aber dann steht sie in der zweiten Halbzeit doch wieder auf dem Platz. Wegen Leon darf sie jetzt nicht aufgeben. Die Zuschauer feuern sie an: „Los, Leon vor, mach ein Tor!"

Die Jungs spielen ihr den Ball immer wieder nach vorn.
Jetzt ist nur noch einer von der gegnerischen Abwehr
zwischen ihr und dem Torwart.
„Hier, Leon!", schreit Mehtin von rechts außen.
Lena ist sofort klar, was er will. Sie soll ihm den Ball
zuspielen, am Verteidiger vorbeirennen, dann den
Ball von Mehtin wieder annehmen und ins Tor
zirkeln. Doppelpass. Lena zögert, den Ball
am Fuß. Der Verteidiger rennt auf sie zu.
„Leon!", brüllen Mehtin und der Trainer
gleichzeitig.

Blitzartig legt Lena los, lässt mit ein paar Dribbelschritten den Verteidiger stehen und zielt ins lange Eck. Der Torwart springt, er fliegt, er reckt und streckt sich und verpasst den Ball um Fingerbreite.

Im Torjubel geht der Schlusspfiff beinahe unter. Lena lässt sich auf den Rasen fallen. Irgendwelche Jungs heben sie auf die Schultern und schleppen sie unter Siegesgeheul vom Platz.

„Super, Leon!" Begeistert klopft der Trainer ihr auf die Schulter. „Ich wusste gar nicht, dass du so gut dribbeln kannst. Diesmal hat es genau gepasst. Aber nicht dass diese eigensinnige Spielweise Dauerzustand wird."

„Nein, nein, Trainer", versichert Lena, „ab nächster Woche wird wieder Doppelpass gespielt!"

Doppelpass

Die Abgabe des Balls an einen anderen Spieler der eigenen Mannschaft nennt man einen Pass. Beim Doppelpass spielt ein Spieler den Ball zu einem anderen Spieler aus seinem Team und bekommt den Ball von ihm wieder zurück. So kann ein Gegenspieler umgangen und eine günstige Torschussposition erreicht werden.

Dribbeln

Beim Dribbeln führt der Spieler den Ball möglichst nah am Fuß, während er läuft. Ein geschickter Dribbler kann schnell die Richtung wechseln und den Abwehrspieler der gegnerischen Mannschaft überlisten.

Der Pokal

Andächtig schleicht Philipp um das Podest herum, das
neben der Tribüne aufgebaut ist. Da oben thront er, groß und
glänzend: der Turnierpokal!
„Ein Würstchen, Philipp?" Mit hochgekrempelten Ärmeln steht
Papa am Grill und schaut ihn fragend an.
„Hab keinen Hunger", murmelt Philipp.
Das lässt Papa nicht gelten. „Fürs Finale musst du dich
stärken." Schwungvoll legt er das Würstchen auf einen
Pappteller und gibt noch eine Extraportion Ketchup dazu.
„Ihr gewinnt das Turnier, das weiß ich!"
Philipp mümmelt an seinem Würstchen. Ob Papa recht hat?
Immerhin spielt er selbst Fußball seit er ein kleiner Junge war.
Aber gegen einen Stürmer wie Ivo musste er bestimmt noch
nicht antreten.
Beim Gedanken an Ivo bleibt Philipp fast das Würstchen
im Hals stecken. „Du nimmst Ivo in Manndeckung", hat
der Trainer ihm vorhin eingeschärft. „Kümmere dich nur
um ihn, damit unser Kasten sauber bleibt!" Aber das ganze
Turnier über hat Ivo Tore geschossen wie am Fließband. Und
ausgerechnet Philipp soll ihn nun stoppen? Wieder schaut er
zum Pokal hinüber. Wenn er den gewinnen will, dann bleibt
ihm nichts anderes übrig. Dann muss er Ivo stoppen, egal wie.
„In zehn Minuten ist Anpfiff für das Finale", tönt es durch die
Lautsprecher. „Wir wünschen allen ein spannendes und faires
Spiel."

Aufgeregt drückt Papa seinem Nachbarn die Grillzange in die Hand und läuft zum Spielfeld. Von allen Seiten strömen die Zuschauer herbei. Die anderen Mannschaften, Eltern, Freunde, Vereinsmitglieder – keiner will sich das Turnierfinale entgehen lassen.

Philipps Trainer versammelt sein Team noch einmal um sich und schwört sie auf das Spiel ein: „Holt euch den Pott! Ihr schafft das!"
Mit schweren Beinen schleppt Philipp sich aufs Spielfeld. Anpfiff, jetzt gilt es! Natürlich wird Superstürmer Ivo sofort von seinen Teamkameraden angespielt.
Ohne nachzudenken geht Philipp dazwischen und lenkt den Ball auf Nina. „Super, weiter so!", hört er Papa rufen.

Er kann es also! Gleich fühlen sich seine Beine viel leichter an. Wie ein Kettenhund heftet er sich an Ivos Fersen, folgt ihm auf Schritt und Tritt. Welche Haken Ivo auch schlägt, welche Finten er auch ausprobiert, er entkommt seinem Bewacher nicht. Nun rächt es sich, dass die Gegner ihr ganzes Spiel auf Ivo zugeschnitten haben. Weil Philipp ihn kaltstellt, kommen sie zu keiner einzigen Torchance. Schließlich versucht Ivo es völlig entnervt von der Mittellinie aus, aber Torwart Samir ist zur Stelle und hält den Fernschuss. Dummerweise ist der gegnerische Torwart genauso gut. Jeden Torschuss von Nina kann er abwehren.

Philipp keucht. Wie lange kann er noch durchhalten? Zehn Minuten bis zum Ende der regulären Spielzeit und es steht immer noch 0:0. Damit droht die Verlängerung.

Und dann ist Ivo plötzlich an ihm vorbei. Philipp sammelt seine letzten Kräfte und spurtet ihm nach – vergeblich, er kommt nicht mehr an den Ball. Jetzt kann er Ivo nur noch stoppen, indem er ihm in die Hacken grätscht.

„Hau ihn weg, Philipp!", schreit irgendjemand.

Aber Philipp zieht den Fuß zurück. Und Ivo läuft ungehindert in den Strafraum und lupft den Ball über Samir ins Tor.

0:1 im Rückstand, und das so kurz vor Schluss!

Die letzten Minuten sind schnell vorbei. So sehr sie sich auch bemühen, Philipp und seine Mannschaft können die Niederlage nicht mehr verhindern. Es bleibt beim Endstand von 0:1.

Nach dem Schlusspfiff lässt Philipp sich auf den Rasen fallen und vergräbt den Kopf in den Armen. Er will nichts hören und

sehen. Nicht die traurigen Gesichter von Nina, Samir und den anderen. Nicht die ausgelassenen Jubelsprünge von Ivos Mannschaft. Vor allem aber will er den Pokal nicht sehen. Den Pokal, den er so gerne in den Himmel gestemmt hätte. Nun darf Ivo ihn stemmen. Und er, Philipp, ist schuld.

Jemand zieht ihn am Arm. Es ist Nina. „Komm, wir müssen zur Siegerehrung." Mühsam rappelt Philipp sich hoch und trottet mit den anderen zum Podest hinüber. Warum muss man als Verlierer bloß bei der Siegerehrung dabei sein?

Die Medaille für den zweiten Platz, die er umgehängt bekommt, zerrt an seinem Hals wie ein schwerer Stein. Die will er nicht haben. Da hilft es auch nichts, dass die Zuschauer wie verrückt klatschen.

Dann ist es so weit. Der Vereinspräsident überreicht Ivo feierlich den Pokal. „Yeah!", ruft Ivo und stemmt ihn in die Höhe. Philipp muss die Augen zumachen. Er mag das nicht sehen. Er will nur weg. Schon will er sich umdrehen und davonstolpern, da hält ihn jemand fest.

„Wir haben den Siegerpokal vergeben, aber das ist noch nicht alles", hört er den Vereinspräsidenten neben sich sagen. „Fußball ist nämlich mehr als Gewinnen oder Verlieren. Beim Fußball geht es auch darum, Achtung vor dem Gegner zu haben, niemanden zu verletzen und fair zu spielen. Deswegen vergeben wir heute auch noch den Fairplay-Pokal. Und den hat unserer Meinung nach nur einer verdient."

Der Präsident macht eine bedeutsame Pause. „Den Fairplay-
Pokal bekommt – Philipp!"
Unter dem Beifall der Zuschauer überreicht er dem völlig
verdatterten Philipp einen Pokal. Er ist etwas kleiner als
der Siegerpokal, aber unendlich schön.Und Philipp kann ihn
wunderbar in den Himmel stemmen.

Das Spielfeld

Torraum

In dieser Zone ist der Torwart besonders geschützt,
hier darf er nicht angegriffen werden.

Strafraum

Innerhalb dieses Bereichs darf der Torwart den Ball mit
der Hand berühren. Wenn hier ein Angreifer gefoult wird oder
ein Verteidiger den Ball absichtlich mit der Hand berührt,
gibt es einen Elfmeter.

Elfmeterpunkt

Wenn der Schiedsrichter einen Elfmeter gegeben hat,
wird von diesem Punkt aufs Tor geschossen.

Strafraumkreis

Bei einem Elfmeter darf außer dem Schützen kein Spieler
diesen Bereich oder den Strafraum betreten.

Anstoßpunkt

Vor Spielbeginn wirft der Schiedsrichter eine Münze, um zu
entscheiden, welche Mannschaft auf welcher Seite spielt. Das
Team, das beim Münzenwerfen gewinnt, darf sich eine Seite
aussuchen, das andere Team hat Anstoß vom Anstoßpunkt aus.

Seitenlinie

Die Seitenlinie ist die seitliche Grenze des Spielfeldes.
Wenn ein Ball während des Spiels über diese Linie rollt,
gibt es einen Einwurf.

Mittellinie

Die Mittellinie teilt das Spielfeld in zwei Spielhälften.
Beim Anstoß müssen alle Spieler in ihrer Hälfte stehen.

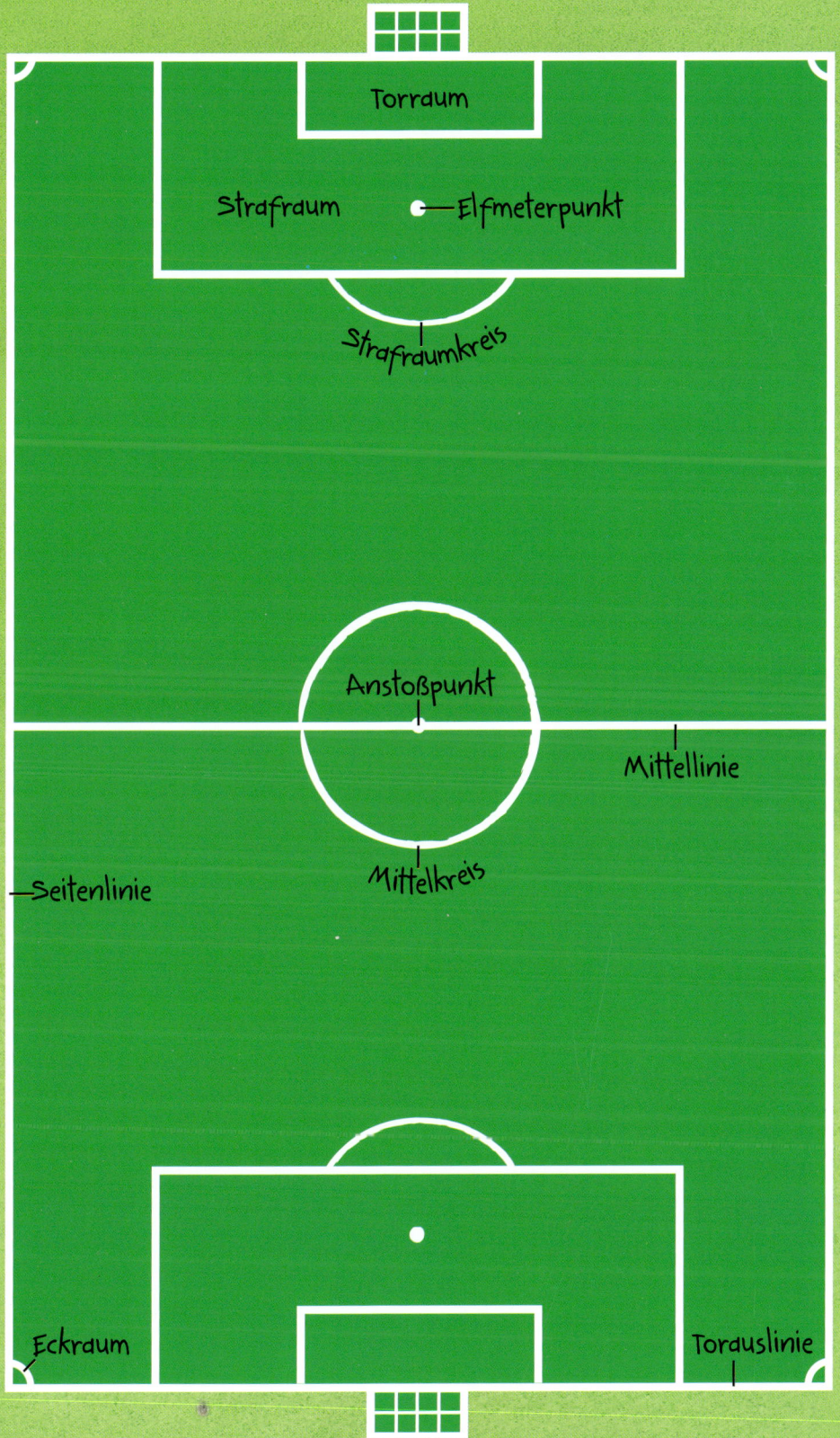